AF359845

L'Abbé H. LETHIMONNIER

UNE FAMILLE
CHRÉTIENNE

L'Abbé H. LETHIMONNIER

Une Famille Chrétienne

Mr & Mme LUCAS

(1823-1901) - (1832-1902)

> « Bienheureux ceux qui ont faim et soif de la justice, parce qu'ils seront rassasiés.. »
>
> « Bienheureux les miséricordieux, parce qu'ils obtiendront miséricorde. »
>
> (Matth. v. 6, 7.)

VALOGNES

Imprimerie du Journal de Valognes, 25, Rue Carnot

1910

A mes Parents,

25 Décembre 1910.

H. LETHIMONNIER,
PRÊTRE.

ES quelques pages ont été écrites pour rappeler la mémoire de mes grands-parents, M. et Mme LUCAS, de Beslon.

L'idée m'est venue d'écrire cette notice après avoir relu la brochure que publia le R. P. Bouffaré (1) sur mon oncle, Octave Lucas, et mon cousin, Ernest Legoupil.

Ce que le bon Directeur de l'Institution Saint-Joseph de Villedieu, si dévoué pour notre famille et si regretté de nous tous, avait fait pour le fils, j'ai cru bon de le faire pour les parents.

Ils ont également mérité cet honneur. C'est, en effet, à leurs conseils, à leurs exemples, qu'Octave Lucas était redevable des bonnes qualités, des vertus

-----

(1) Deux enfants de Saint-Joseph : Octave Lucas — Ernest Legoupil — Villedieu 1888.

qui faisaient l'édification de ses maîtres et de ses condisciples.

De plus, en ce jour où la famille est tout entière réunie pour le Sacerdoce d'un de ses membres, il m'a paru juste d'associer à cette fête le nom de ceux auxquels nous devons ce qui fait la vraie joie et le véritable honneur de notre vie.

Si notre famille est unie, si elle a toujours les mêmes sentiments de foi, c'est à eux que nous le devons.

Si enfin nous célébrons cette fête aujourd'hui, si je suis prêtre, après Dieu et après mes bons parents, c'est aussi à mon grand-père et à ma grand'mère que je le dois. Leur foi profonde, leur amour du bon Dieu, leur dévouement à sa cause, ont été pour moi autant d'exemples. Leurs prières, depuis qu'ils ont quitté cette terre, ont contribué, j'en suis sûr, à préserver et à développer le germe de ma vocation.

Aussi ai-je voulu écrire cette notice comme un hommage de reconnaissance et de piété filiale.

Enfin, il m'a paru utile de conserver, pour leurs petits-enfants qui les ont peu ou point connus, le souvenir de la vie et des vertus de leurs grands-parents, afin qu'eux aussi continuent les traditions qu'ils nous ont laissées après leur mort.

Je dédie ce travail à mes parents. A mon père et à ma mère tout d'abord. Ce sont eux qui, les premiers, m'ont appris à estimer et à vénérer la mémoire de mes grands-parents, c'est à eux les premiers que doit aller la dédicace des pages destinées à en perpétuer le souvenir.

Je tiens aussi à dédier cette notice à mes oncles et tantes. Je les prie de voir ici l'expression très affectueuse de mes remerciements pour les bons exemples qu'ils m'ont donnés, pour les services qu'ils m'ont rendus, et aussi pour les généreux présents qu'ils ont eu la bonté de me faire à l'occasion de mon sacerdoce.

I

ROSPER LUCAS naquit à Beslon le 21 Octobre 1823. Il était le troisième enfant d'une famille où la Religion et le travail étaient en honneur. Aussi avait-il contracté, dès ses premières années, les habitudes d'une piété bien comprise, d'une économie bien réglée, d'un dévouement constant, même lorsqu'il en coûte. Enfin il était rempli de bonté et de compassion pour ceux qui souffrent. Ce fut, toute sa vie, le fond de son caractère, et ces qualités ne firent que s'accroître avec l'expérience.

En outre de l'éducation familiale, il reçut une solide instruction primaire dans un établissement libre dirigé, à Saint-Lo, par M. Martin.

C'était un enfant modèle, aussi était-il le préféré de l'instituteur qui, plus tard, viendra se retirer à la Houitellière, chez son ancien élève.

Il cherchait aussi ses meilleurs amis parmi ses

camarades les plus vertueux et qui, en même temps, par leur travail, formaient l'élite de la classe.

L'écolier de 1836 et des années suivantes aimait à rappeler comment les maîtres de ce temps-là étaient, non seulement des instituteurs, mais aussi des éducateurs qui mettaient au premier rang la religion et la morale.

C'est à cela, sans doute, qu'il faut attribuer la fermeté du caractère et la vivacité de la foi qui ont fait la dignité de sa vie.

Son esprit était fin et judicieux. En étudiant les Fables du bon La Fontaine, il y avait trouvé un répertoire de maximes qu'il savait citer avec tact. Aussi sa conversation avait-elle un charme tout spécial ; il avait le don de l'agrémenter de quelques bons mots dont la justesse et l'à propos étaient saisissants.

Il ne prolongea pas ses études ; il était d'une fortune moyenne et, d'ailleurs, il aimait la campagne. Il revint donc avec sa mère cultiver la terre de ses ancêtres. Déjà, par son savoir-faire, par son ordre et son économie, l'on pouvait prévoir que tout prospèrerait sous sa direction.

Plus tard, sur les vieux jours de sa mère et sur les instances de cette dernière, il se préoccupa de mariage. Il désirait une compagne selon son cœur, c'est-à-dire une *Femme forte*, suivant l'expression de la Sagesse. Son choix se porta sur Mlle Pauline Larigot, du Chefresne.

Ma grand'mère était la fille aînée de Julien Larigot et de Julie Boudet. Elle était née le 10 Novembre 1832. Elle passa ses premières années à Rouffigny, chez ses grands-parents, M. et Mme Michel Boudet.

Avant la Révolution, M. Boudet était avocat au Parlement de Rennes. Il avait connu, à Paris ou à Rennes, « tous les plaisirs (1) d'une vie facile et » élégante, tous les charmes de la grande société, » tous les délices de la haute culture intellectuelle et » morale. »

Les évènements tourmentés de ce temps-là lui firent perdre sa situation et le forcèrent à quitter la capitale pour se réfugier dans l'une de ses terres, à Rouffigny, près Villedieu, où il épousa Mlle Villemer, de Vire.

L'un de ses petits-enfants (2) nous a rapporté qu'avec sa compagne « une femme à l'âme ardente » et généreuse, au dévouement sans bornes, à la foi

---

(1) M. A. Frétel. — Discours.
(2) M. A. Frétel.

» sincère et profonde, il fonda une famille nombreuse
» et vaillante, unie comme aucune autre, la façonna
» de ses propres mains au travail et à la pratique de
» toutes les vertus domestiques. »

Chez ses grands-parents, Pauline Larigot fut formée à l'école de l'épreuve et cela lui servit plus tard.

Il avait été dur, en effet, pour M. Boudet de venir habiter la campagne, de cultiver la terre pour subvenir aux besoins et à l'éducation de ses dix enfants.

Il fut beaucoup aidé, il est juste de le reconnaître, par sa femme. Mme Boudet surmonta toutes les difficultés avec une énergie et une capacité extraordinaires. Aucun travail ne lui était étranger et elle y habituait tous ses enfants. Afin de rendre moins pénible à son mari le changement de vie qu'il avait dû subir, elle s'ingéniait à lui procurer des distractions auxquelles son esprit était accoutumé ; elle se plaisait même à lui préparer une nourriture moins commune qui lui rappelât les délicatesses d'autrefois.

Ma grand'mère avait conservé le meilleur souvenir de son passage à Rouffigny. Elle avait retiré grand profit des leçons et des exemples de Mme Boudet. On retrouvait en elle les mêmes qualités : piété solide, dévouement, énergie, capacité, facilité et aisance dans ses relations.

Elle commença son instruction au couvent de Villedieu, rue de la Carrière. Elle y apprit les maximes de Fénelon, et, plus tard, elle aimait à les redire à ses enfants. Elle en avait fait la règle de sa vie, et, à ce titre, il sera intéressant d'en citer quelques-unes au passage :

Craignez un Dieu vengeur et tout ce qui le blesse,
C'est là le premier pas qui mène à la sagesse.
. . . .
Aimez le doux plaisir de faire des heureux,
Et soulagez surtout le pauvre vertueux.
. . . .
Aimez à vous venger par beaucoup de bienfaits,
Parlez peu, pensez bien, gardez vos secrets.
. . . .
Sobre pour le travail, le sommeil et la table,
Vous aurez l'esprit libre et la santé durable.
. . . .
Sachez à vos devoirs immoler vos plaisirs,
Et, pour vous rendre heureux, modérez vos désirs.
. . . .
Ne demandez à Dieu ni grandeur ni richesse,
Mais pour vous gouverner, demandez la sagesse.

Mais Pauline ne put rester longtemps en pension. Elle avait douze aus à peine quand sa mère mourut, enlevée, en quelques jours, par une fluxion de poitrine. Elle était l'aînée. Aussi dut-elle revenir à la maison pour servir de mère à ses quatre sœurs, dont la dernière n'avait encore que dix-huit mois.

On peut se figurer, dès lors, les difficultés de toutes sortes qu'elle eut à résoudre. C'est avec raison qu'elle pouvait dire plus tard qu'elle avait fait « son apprentissage à l'école du malheur ».

Elle fut en cela beaucoup aidée par les conseils pratiques de sa tante, Mme Burel, de Saint-Vigor-des-Monts, et par le dévouement d'une autre sœur de sa mère, Mlle Adèle Boudet, qui habitait Villedieu.

Elle dut jouer de suite le rôle d'une maîtresse de maison et c'était quelquefois difficile. Son père, en effet, excellent homme d'ailleurs, avait le défaut d'écouter trop facilement les solliciteurs. Souvent il prêtait à des pères de famille de petites sommes dont, naturellement, tout était perdu : capital et intérêts. Sa fille qui, par suite de cette bonté excessive, souffrait parfois de la gêne, lui suggéra un moyen pratique de satisfaire, en même temps, son bon cœur et ses intérêts légitimes. « Lorsqu'on » viendra vous demander de la sorte, répondez : Il

» m'est impossible de vous prêter ce que vous me
» demandez, mais je vais vous donner cinq francs. »
Le père comprit, et, ainsi furent conciliées et sa
charité et la bonne administration des biens avant
tout destinés à l'éducation de ses enfants.

Les sœurs de Pauline furent mises au couvent.
Quant à elle, ce ne fut qu'à 18 ans, après la mort de
son père, qu'elle put retourner en •pension pour
compléter ses études. Elle alla au Bon-Sauveur de
Saint-Lo ; elle y apprit surtout les sciences usuelles
qu'elle s'assimilait rapidement.

Deux de ses sœurs entrèrent au noviciat. Les
religieuses auraient été très heureuses si le bon Dieu
lui avait donné la vocation du cloître, car elles
appréciaient et ses talents et sa vertu. Mais elle se
sentait une autre vocation, et disait : « Il y a du bien
» à faire et beaucoup de misères à consoler dans le
» monde. Si j'y fais autant de sacrifices que mes
» sœurs au couvent, je pourrai, moi aussi, être utile
» et procurer la gloire du bon Dieu. » C'est ce qui
devait arriver : la Providence se réservait, en effet,
de lui donner la responsabilité d'une nombreuse
famille, et elle sut donner à ses enfants, par ses
leçons et ses exemples, la meilleure des éducations.

C'est au Chefresne, où Pauline Larigot était

revenue occuper la maison paternelle avec ses deux jeunes sœurs, que mon grand-père, alors âgé de trente-trois ans, vint solliciter sa main. Avant lui s'était présenté un jeune homme instruit, de manières distinguées, d'une fortune supérieure, dont les qualités ne semblaient pas à dédaigner. Pauline Larigot, habituée à une vie active, ne se laissa pas séduire par la perspective d'une vie aisée mais inutile, et elle préféra une situation plus modeste avec un idéal plus élevé.

Sa famille ne s'expliquait pas ses préférences pour M. Lucas et lui objectait l'inégalité des situations. D'un autre côté, un conseiller très judicieux, qu'elle aimait à consulter, lui disait : « Dans vingt ans, M. » Lucas aura une situation bien supérieure à tout » point de vue. »

La jeune fille n'eut pas de peine à le comprendre ; on lui avait dit de son futur mari, et plus tard elle se plaisait à le répéter : « C'est une perle fine. » Cependant, elle ne lui donna pas tout de suite une réponse définitive. Elle voulait attendre que le sort de ses deux jeunes sœurs soit fixé.

Ici se place une anecdote qui dépeint au vif mon grand-père et montre toute la tendresse de son cœur. Il l'a racontée lui-même à l'une de mes tantes qui a bien voulu me la rapporter. Mon grand-père, à qui un espoir était donné pour un avenir plus ou moins éloigné, pria beaucoup pour que l'attente ne fût pas trop longue. Depuis qu'il avait vu de plus près Mlle Larigot, il l'avait appréciée. Il espérait être l'heureux mortel du *Livre des Proverbes* : « Qui » trouvera une femme forte ? Elle est d'un prix qui » l'emporte sur toutes les pierreries. Le cœur de son » époux se confie en elle, il n'aura pas besoin des » dépouilles de ses ennemis. »

La condition posée ne devant se réaliser que plus tard, il résolut d'attendre l'action de la Providence. Ces trois années lui furent toutefois très pénibles.

Mlle Larigot était orpheline et vivait seule avec ses deux sœurs, dans la maison paternelle, au Chefresne. Par un sentiment de réserve qui l'honore, elle avait informé M. Lucas qu'elle ne pouvait le recevoir. Il avait, lui aussi, le sens très délicat des convenances. Il se conforma aux désirs de Mlle Larigot. Ce ne fut pas, malgré tout, sans de grands sacrifices.

Pour adoucir l'ennui de ces jours d'attente, mon grand père inventa une combinaison originale dans laquelle il trouvait le moyen de satisfaire l'affection de son cœur, sans toutefois violer la consigne.

Parfois, le dimanche l'après-midi, il partait à pied de Beslon, et se dirigeait vers Le Chefresne. Il n'allait pas jusqu'à la maison, mais il s'arrêtait à quelque distance, dans un champ d'où il pouvait, sans être vu, considérer la Sulmonière où vivait celle que Dieu lui destinait. Là il restait quelquefois assez longtemps à penser à elle et à leur avenir ; et, quand il avait aperçu celle qu'il désirait, il s'en retournait le cœur content.

M. Lucas apprit enfin que l'une des demoiselles Larigot devait se marier à M. Grimaux, et que la plus jeune se disposait à entrer chez les Augustines de Barenton.

Il revint à la charge, cette fois avec succès, il en fut d'autant plus heureux qu'il savait trouver en Pauline Larigot une vraie compagne. Pour lui comme pour elle, le mariage n'était pas l'union de deux maisons, de deux fortunes, mais bien celle de deux cœurs sincèrement et complètement dévoués l'un à l'autre, s'unissant dans des sentiments chrétiens, pour servir Dieu et se rendre utiles autour d'eux.

C'était là l'idéal que, toute leur vie, ils allaient réaliser.

II

u jour de leur mariage, mes grands-
parents entendirent et comprirent la
belle exhortation que le prêtre adresse
aux époux qui viennent de s'unir pour
la vie.

Comme on y voit exposés les principes qui devaient
présider à la fondation du nouveau foyer, et allaient
inspirer la conduite du jeune ménage pendant toute
sa durée, je me permettrai d'en rappeler ici quelques
passages, je ne ferai qu'exprimer ainsi, avec préci-
sion, l'esprit qui animait la famille Lucas.

« Le mariage est un état saint, leur avait-il été dit,
» et l'engagement réciproque qui en forme les liens
» est un acte essentiellement religieux...

» ...Le divin Sauveur, par un très grand bienfait
» de sa miséricorde, éleva le mariage à la dignité de
» Sacrement, voulant que les époux puisassent, dans
» le mariage même, les grâces de sanctification dont

» ils ont besoin pour garder la pureté de l'âme et
» remplir dignement les graves obligations qu'ils
» contractent. Aussi, l'Apôtre nous dit-il que l'alliance
» des époux chrétiens est un grand Sacrement,
» puisque c'est dans le Christ et dans l'Eglise que
» nous en voyons le type et l'exemplaire. Et il ajoute
» en conséquence : « Epoux, aimez vos épouses
» comme le Christ aima son Eglise et se sacrifia pour
» elle afin de la sanctifier...

» ...La fin, aussi bien que la perfection du
» mariage, se trouve admirablement relevée. L'anti-
» que bénédiction : « Croissez, multipliez et rem-
» plissez la terre » fait place à une bénédiction
» meilleure : Formez pour l'Eglise des enfants qui
» soient « les concitoyens des Saints et les familiers
» de Dieu » afin qu'un peuple soit engendré et élevé
» pour le culte et la religion du vrai Dieu et de notre
» Sauveur Jésus-Christ. »

» Recevez ce Sacrement avec un vif esprit de foi,
» un humble et profond respect, une entière
» confiance dans les mérites et la miséricorde de
» Jésus-Christ ; afin que, par sa grâce, vous vous
» aidiez mutuellement à supporter avec courage les
» épreuves de la vie, à conserver la patience et la
» paix, à remplir tous vos devoirs d'époux chrétiens,
» et qu'après avoir achevé votre course, en gardant

» la foi, en combattant le bon combat, vous puissiez
» recevoir au Ciel la couronne de l'Immortalité. »

Cet enseignement avait été compris. L'idéal chrétien qui y est exposé fut celui que mes grands-
parents poursuivraient toute leur vie.

Qu'il s'agisse de leur conduite personnelle, de
leurs rapports avec les hommes, de l'éducation de
leurs enfants, ou encore de l'administration du bien
général dans les affaires communales, c'est toujours
le même esprit qui les dirigeait : esprit d'honnêteté et
de rectitude naturelle, grandi et élevé par un esprit
de véritable religion, et, en même temps, esprit de
charité et de dévouement.

Mes grands-parents considéraient la vie sérieuse-
sement ; ils la regardaient comme une somme de
devoirs à accomplir et une préparation à la vie de
l'Au-delà.

« Le temps, disait mon grand-père, ne nous a pas
» été donné pour des jouissances qui passent, mais
» pour travailler et faire fructifier les talents que le
» bon Dieu nous a confiés. »

Il était, comme on le voit, profondément religieux.
Il ne se contentait pas de le penser, et, sans ostenta-
tion, mais avec simplicité, avec fermeté, il savait

pratiquer publiquement ses devoirs. Je n'en citerai comme preuve que le fait suivant :

Se trouvant avec un ami, dans un hôtel, un jour de Quatre-Temps, il demanda du maigre. Le garçon d'hôtel arrive un instant après : « Qui a demandé » du maigre ? » Bon nombre de convives, le rire aux lèvres, s'apprêtaient à se moquer des simples qui se croyaient encore tenus d'observer les lois de l'Eglise. M. Lucas se leva et dit tout haut : « Nous sommes » deux par ici. » Sa prestance, son air digne en imposèrent, et le silence qui suivit fit voir que sa conduite avait trouvé des approbateurs.

Mon grand-père estimait que la sanctification du dimanche est bénie dès ce monde. C'est pour cette raison qu'on ne travaillait jamais le dimanche à la Houitellière. « Le travail du dimanche porte « malheur », disait M. Lucas, et il citait nombre de faits à l'appui.

Mon grand-père aimait la bonne société. Il recherchait la fréquentation de ceux qui pouvaient l'éclairer, l'instruire, lui être utiles. S'il admettait les réunions amicales où l'on cherche à se faire plaisir et à se rendre service, il n'aimait guère les réunions purement mondaines qui ne profitent ni au cœur ni à l'esprit ; il détestait plus encore celles où l'on donnait une place prépondérante aux plaisirs de la table. Si

ces réunions étaient fixées au dimanche cela n'empêchait pas à la Houitellière de bien sanctifier ce jour
comme d'habitude.

On a dit de mon grand-père qu'il était « la sagesse
» et le bon sens en personne. » Il avait, en effet, un
jugement très sûr, une grande perspicacité. Des
esprits cultivés attachaient beaucoup d'importance à
ses appréciations. On ne s'étonnera pas qu'avec ces
qualités sa maison ait prospéré.

Il est vrai qu'il fut en cela admirablement secondé
par sa femme. Elevée à l'école de l'adversité, elle y
avait acquis le sens de l'énergie, du travail et de
l'économie. On pourrait lui appliquer ce passage de
la Bible : « Heureux l'époux de la femme forte, il
» verra doubler le nombre de ses jours. La femme
» forte est la joie et le soutien de sa famille ; elle
» répand la paix sur tout ce qui l'entoure ; elle sera
» donnée en récompense à l'homme qui craint le
» Seigneur. »

D'ailleurs elle complétait les qualités de son mari
par les siennes propres. Si celui-ci avait un jugement
sûr, rare même, elle avait, plus que lui, la vivacité
de l'intelligence et l'énergie de la volonté. A l'esprit
réfléchi et par là-même hésitant de mon grand-père,
elle savait suggérer d'heureuses initiatives au temps
opportun ; et lorsque les difficultés occasionnaient en

lui la défiance et le découragement, elle était plus que jamais son aide et son soutien.

On dit que Léopold Delisle ne fût pas venu à bout de ses innombrables travaux sans l'admirable dévouement de Mme Delisle ; de même on pourrait dire, en toute vérité, que ma grand'mère a contribué pour sa très grande part à procurer la prospérité de la maison et à conquérir l'estime dont la famille Lucas était l'objet.

Lorsque mon grand-père construisit sa maison de la Houitellière, on lui fit remarquer que sa salle à manger était trop petite. Il répartit avec son ordinaire à propos : « Quand elle sera pleine d'amis, il y en » aura déjà beaucoup. » De fait, il sut vite se faire aimer, et ses enfants étant devenus nombreux, la salle fut bientôt trop étroite ; après la naissance du huitième, il bâtit la grande salle qui, depuis, a toujours servi aux réunions de famille.

III

'ESPRIT de la famille Lucas était un esprit de bonté, de dévouement, de zèle et de charité.

Dès le début du mariage de mes grands-parents, M. Martin, le vieil instituteur qui avait formé mon grand-père, tomba gravement malade. Comme il avait perdu ses proches, il vint, plus en ami qu'en parent, trouver son ancien élève et lui demander l'hospitalité à la Houitellière. Il mourut peu de temps après, dans des sentiments d'une grande piété, ce qui faisait dire aux jeunes mariés : « La maison est étrennée par la mort d'un saint. » Elle fut bénie, en effet, car bientôt huit enfants allaient être la joie du foyer.

Le jeune ménage n'avait eu, au commencement, que trois vieux domestiques, mais on préférait se gêner pour conserver ces dévoués serviteurs qui s'étaient, à tout jamais, attachés à leurs maîtres.

A la mort de M. Larigot, Félix Péronne et Bon

Noël avaient exprimé le désir de suivre leur jeune
maîtresse. Bon Noël était sourd-muet ; chez M.
Lucas, il fut reçu avec la même bonté, la même
charité qu'il avait connues au Chefresne.

C'était d'ailleurs la même affection mutuelle entre
maîtres et serviteurs qui régnait à Beslon. Une pauvre
orpheline, Pauline Gibaux, était entrée au service de
la famille Lucas à l'âge de onze ans ; au moment du
mariage de mon grand-père, elle avait 35 ans, et
déjà elle était courbée comme le serait une vieille
femme ; la misère de ses premières années avait
produit chez elle les effets de la vieillesse.

Les vieux domestiques avaient, à cette époque,
environ 60 ans. Le sourd-muet mourut le premier à
70 ans, assisté par ses maîtres et pleuré par les enfants
qui n'oublieront jamais la finesse avec laquelle il
tournait en ridicule, par ses gestes, ceux qui n'obser-
vaient pas l'abstinence et la tempérance, ou encore
qui travaillaient le dimanche. Félix Péronne mourut
à 75 ans, Pauline, à 60 ans, après avoir obtenu la
médaille décernée aux vieux serviteurs.

Se sentant à charge, les vieillards demandaient à
abandonner l'argent gagné pour s'assurer qu'on ne les
renvoyât pas dans leur famille. On les garda, mais on
leur laissa leurs économies, fruit de leur travail, leurs
parents étaient dans le besoin.

S'il y avait chez ses serviteurs d'autrefois un dévouement et une fidélité qu'on ne retrouve plus, c'est qu'il y avait en même temps, chez les maîtres, une bonté et une charité que les maladies et l'affaiblissement produit par l'âge en leurs serviteurs ne faisaient qu'accroître.

« La charité porte bonheur », répétait-on souvent, aussi, dans la famille Lucas habituait-on les enfants à porter eux-mêmes des secours aux malades ; ceux-ci étaient, parmi les indigents, les privilégiés. Chaque année, pendant le Carême, certaines familles nombreuses recevaient qui un sac de blé, qui du bois de chauffage, etc.

On s'intéressait aussi aux infirmes. Bien qu'éloignés de plus de 80 kilomètres de l'école des sourds-muets, on alla en voiture (le chemin de fer n'existait pas encore à cette époque) porter deux de ces pauvres déshérités à Pont-l'Abbé pour qu'ils y fassent leur première communion et qu'ils y apprennent à gagner leur vie. Plus tard ces enfants sont revenus dans leurs familles, heureux et reconnaissants.

Le dévouement allait parfois jusqu'à l'héroïsme. On a pu voir Mme Lucas, alors qu'elle était jeune mère, assister des familles où il y avait plusieurs cas de typhoïde ou de variole, et dont les voisins n'osaient pas approcher. « Ce que le bon Dieu garde est bien gardé », disait-elle, et, de fait, l'épidémie s'arrêtait, respectueusement pour ainsi dire, devant la charité.

Ma grand'mère ne ménageait ni ses forces, ni sa santé pour venir davantage en aide au prochain. Elle visitait les malades et préparait les moribonds à faire une bonne mort. On avait souvent recours à elle pour les prévenir du danger et les assister dans leurs derniers moments. Elle le faisait avec une foi et une énergie peu communes.

Même dans ses dernières années, alors que la prudence aurait dû l'empêcher de sortir, elle répondait aux siens : « On ne choisit pas le jour de sa mort. » Et elle partait, malgré l'intempérie de la saison, pour aller suggérer aux mourants quelques actes de foi, d'espérance et d'amour de Dieu, et aussi pour consoler leurs familles dans la tristesse.

Cette bonté, cette charité avaient acquis à la famille Lucas une bien légitime popularité dans le pays. Tout le monde connaissait et estimait mes grands-parents, parce qu'ils savaient s'intéresser aux joies et aux deuils de tous. Parmi les familles qu'ils fréquentaient, il en est peu qui n'aient eu à leur savoir gré d'une bonne parole, d'un bon conseil ou d'un service rendu.

IV

ES grands-parents considéraient comme l'un de leurs devoirs les plus essentiels l'éducation des nombreux enfants que la Providence leur avait donnés. Ils savaient qu'en donnant la vie à leurs enfants, ils avaient pris la responsabilité de leur éducation devant Dieu et qu'ils lui en rendraient compte un jour.

Cette éducation fut, avant tout, religieuse. Pour cela, ils ne se contentaient pas de se décharger de ce soin sur les maîtres des pensions et collèges religieux où les enfants étaient envoyés, mais ils se préoccupaient de compléter, par des conseils et par des exemples, les leçons qui avaient été données ailleurs.

Ils aimaient à puiser dans *La Dette de la Paternité* (1) des enseignements pour acquitter leur

---

(1) *La Dette de la Paternité*, par M. l'Abbé Legoupils, curé de Notre-Dame de Cenilly.

propre dette, pour former des caractères et apprendre avant tout le sentiment du devoir et de l'honneur.

Ils aimaient leurs enfants, non de cet amour naturel, qui est plutôt le contraire de la vertu, mais d'un amour véritable qui voit les qualités pour les développer et les encourager, les défauts pour les combattre.

On dit que les grands-parents gâtent leurs petits-enfants, il y a heureusement des exceptions.

Jusqu'à la fin de sa vie, ma grand'mère conserva toute son activité, tout son zèle et toute son ardeur. Elle nous recevait tous pendant les vacances ; elle était heureuse et fière de nos succès ou de nos bonnes actions ; elle ne manquait pas de nous en récompenser. Nous eussions été bien peinés de ne pas avoir mérité d'aller à Beslon, ce qui était fort rare.

Je ne saurais oublier que ma grand'mère tirait parti des plus petites choses pour apprendre à ses petits-enfants à devenir meilleurs, et nous donnait à tout propos des leçons de sagesse et de piété. Elle nous apprenait l'amour du travail, la nécessité de faire des économies pour avoir une honnête aisance, être indépendants et faire plus de bien.

Un penseur délicat, Joubert, recommandait de ne pas perdre son temps sur des livres qui ne sont que de bons livres. La vie n'est pas assez longue, disait-il, pour lire ceux qui sont excellents. A la Houitellière, on pensait de même. Non seulement on n'admettait pas qu'on passe son temps à des futilités, mais on nous apprenait à utiliser même nos récréations.

A la maison, on faisait la prière en commun ; pendant le Carême, on y ajoutait le chapelet. Durant les veillées d'hiver, on y faisait une pieuse lecture, parfois même devant les serviteurs. On choisissait pour cela quelques livres simples et attrayants comme les *Conférences de M*^{gr} *de Ségur*, ses *Réponses familières aux objections contre la Religion.*

Mon grand-père était très affectueux. La mort de son fils Octave, qui se destinait à la prêtrise, lui fut très sensible. Il redoubla alors d'affection pour ceux qui lui restaient et aussi pour les nouveaux venus, car il avait déjà des petits-enfants.

Comment ne pas rappeler, à ce propos, qu'étant son filleul, je fus un des premiers auquel il prodigua les trésors d'indulgence, de tendresse qu'il y avait dans son cœur de grand-père ?

Chaque fois que les siens le quittaient, il les embrassait avec effusion, en leur disant : « Que le » bon Dieu vous bénisse et vous conserve ! »

La bonté n'empêchait pas la fermeté. Elle la rendait seulement plus efficace. Tous les deux, mon grand-père et ma grand'mère, connaissaient et appréciaient le proverbe : « Qui aime bien châtie bien. » Je n'en donnerai qu'un exemple :

Un jour, M. Lucas arrive à Saint-Lo pour faire sortir ses enfants, l'un d'eux était en retenue. Le Supérieur, sachant qu'il avait fait neuf lieues en voiture pour venir voir son fils, proposa d'annuler la punition, pensant qu'il suffirait de faire sentir à l'élève, devant son père, ce à quoi il s'était exposé. M. Lucas ne l'entendit pas ainsi, et, plus strict que le Supérieur, il n'accepta pas de faire sortir son fils. Mais voilà qu'en quittant la chambre du R. P. Durel, il l'aperçut à la porte du Préfet de Discipline. L'enfant paraissait contrit, il espérait toutefois que la présence de son père allait faire lever la punition. M. Lucas ne se laissa pas toucher sitôt ; il fit voir à son fils tout son chagrin de le savoir indiscipliné, lui dit que la punition méritée devait avoir son exécution et qu'il allait s'en retourner malheureux, mais sans y demander aucun adoucissement.

L'enfant pleura beaucoup et demanda sincèrement pardon. Le R. P. Durel, devant ce repentir profond, permit que l'enfant sorte à midi.

La leçon avait été dure, mais elle profita, et

l'enfant se félicita plus tard de la manière dont il avait été élevé.

Heureux, en effet, sont les enfants dont les parents comprennent si admirablement leur mission ; heureux aussi sont les maîtres qui rencontrent un concours aussi éclairé, leur tâche est rendue plus facile et leur succès plus certain. L'avenir des enfants ne dépend pas seulement de leur naissance, mais il dépend surtout de leur première éducation.

V

L nous reste maintenant à voir comment M. Lucas remplit son rôle de citoyen.

La Mairie étant devenue vacante en 1868, par la mort du titulaire, M. Lucas fut nommé par le Préfet, et élu plus tard par la commune. Il resta maire pendant 22 ans.

On ne peut dire tous les services qu'il a rendus au point de vue administratif et financier. Pour ne parler que d'un fait, on m'a rapporté que l'école des filles fut bâtie sous sa direction avec des améliorations au plan présenté, tout en laissant des économies sur le devis.

Sa gestion très dévouée fut cependant très combattue. Au bout de quelques années, une cabale se monta pour lui faire échec. Une guerre sournoise lui était faite et continuellement on lui tendait des pièges aux séances du Conseil municipal. L'administration préfectorale cherchait à se débarrasser d'un maire qui était resté fidèle à ses principes conservateurs et religieux, elle secondait les efforts de ses adversaires.

La veille d'une élection municipale, elle faisait dire par ses délégués que la commune serait désormais privée de secours. M. Lucas sut répondre dignement à M. le Préfet que les secours donnés appartenaient aux contribuables, et que les habitants de la commune y avaient droit. Les électeurs d'alors comprirent ce langage, et ils répondirent aux menaces de la Préfecture et de ses agents en mettant ceux-ci hors du Conseil, et en nommant ceux qui composaient la liste proposée par M. Lucas.

Depuis plusieurs années, la lutte devenait âpre et difficile, M. Lucas eût tout abandonné s'il n'avait écouté que son tempérament enclin à la bonté et à la tranquillité. Mais il savait, et les siens ne manquaient pas de le lui rappeler, il savait qu'il accomplissait un devoir en restant au service de la bonne cause ; il savait qu'il avait ainsi mille occasions de faire le bien et d'empêcher le mal.

La prière était son arme dans les difficultés. S'il prévoyait une séance orageuse, il se recommandait au bon Dieu et aux saints de sa famille, il s'abandonnait ensuite à la Providence dont il constatait souvent l'action bienfaisante.

Dans la plupart des communes rurales, le maire

est à la fois un conseil et un juge. Il en était ainsi à Beslon. Les familles désunies le constituaient comme arbitre. Des ennemis acharnés arrivaient, grâce à son intervention, à pouvoir se supporter et même à s'entendre. M. Lucas savait écouter leurs doléances avec une grande patience.

A un mari qui se plaignait de n'avoir pas une clef à lui seul, il répondait, avec cette finesse et cette bonté qui lui étaient particulières : « Mon pauvre » homme, je comprends votre cas, c'est absolument » le mien, je n'en ai pas non plus, la seule différence » entre nous est que vous n'êtes pas satisfait, et que » j'en suis enchanté. Croyez-moi, il faut qu'il en soit » ainsi pour que le ménage soit heureux. » Le plaignant comprit et ne revint plus ; on dit même que la leçon produisit de bons résultats.

M. Lucas avait une manière à lui de trancher la question de la forme.... administrative.

Un jour on vint le prévenir qu'un ouvrier, de la carrière Sévaux, était tombé sous un éboulement, et était dans un état très grave. M. Lucas fait préparer dans sa voiture un lit provisoire et part aussitôt porter le blessé à l'hospice le plus voisin. L'administration de l'hospice de Villedieu déclara, naturellement, qu'il était impossible d'admettre le malade sans que les formalités soient remplies. M. le Maire de Beslon ne l'ignorait pas, mais, chrétien et homme de cœur avant tout, il estimait que, dans un pareil cas, il faut se hâter de soulager le corps et de sauver l'âme.

Il dit donc à la Supérieure : « Je dépose le malade à la porte, vous en ferez ce que vous voudrez. »

Il s'occupa aussitôt d'obtenir l'autorisation qui ne fut accordée que deux jours après. En effet, à la mairie de Villedieu, on lui fit remarquer que les formalités étaient plus compliquées que d'ordinaire : Beslon étant du ressort de Saint-Lo, il fallait l'autorisation de la Préfecture. M. Lucas offrit alors de payer la pension du blessé en attendant la décision préfectorale. Il revint donc à l'hospice. Les religieuses, on le devine sans peine, n'avaient pas laissé le blessé sur le trottoir et lui avaient déjà prodigué les soins que réclamait son état. Peu de jours après, il rendait son âme à Dieu, bien préparé à la mort par ces âmes d'élite, après avoir reçu une dernière visite de son bienfaiteur.

Mon grand-père put se louer de sa conduite, car, non seulement l'autorisation et le paiement intégral des frais lui furent accordés par la Préfecture, mais il reçut, comme maire de Beslon, une lettre de félicitations pour son heureuse initiative.

M. Lucas pratiquait le pardon des injures. Un ancien camarade, d'une fortune autrefois supérieure à la sienne, était tombé dans la misère à la suite de ses excès. Maintes fois il avait tourné en dérision la bonté et la charité de son voisin. Plus tard, il fut contraint de venir toucher chaque trimestre une rente que sa famille remettait entre les mains du Maire. Jamais mon grand-père ne se permit un mot de reproche envers son insulteur de jadis ; il le réconfortait, au contraire, par de bonnes paroles.

Les dernières années de M. Lucas furent attristées par une hostilité malheureuse En envoyant à Beslon un nouveau curé, Monseigneur Germain lui avait dit: « Vous avez un bon maire, conservez-le. » La recommandation de Monseigneur ne fut ni comprise, ni écoutée.

Bien que M. Lucas ait toujours été le soutien de la religion dans la paroisse, M. le Curé crut bon de le combattre pour favoriser un homme qui prouva, depuis, qu'il était indigne de sa confiance, puisqu'à sa mort, il fit un scandale dans le pays par son enterrement civil.

M. Lucas fut doublement peiné de cette attitude, mais ni sa foi en l'Eglise, ni son respect pour le clergé n'en diminuèrent pour autant. Aussi, lorsque le 23 Aout 1885, Monseigneur Germain vint à Beslon pour bénir les nouvelles cloches, le Maire lui adressa la bienvenue en lui disant :

« MONSEIGNEUR,

» Il y a quatre ans, lorsque Votre Grandeur est
» venue ici pour la première fois, afin de célébrer
» avec nous les noces d'argent de notre vénéré curé
» d'alors, nous nous sommes empressés de venir vous
» assurer de nos sentiments de respect, d'affection,
» de dévouement.

» Depuis lors, bien des changements sont survenus
» dans le monde, ici comme partout ailleurs, mais
» nos sentiments à votre égard n'ont point varié.

» Il en est de même de nos sentiments à l'égard
» des choses de la religion, témoin le zèle avec
» lequel, tous les habitants, à la suite de leur digne
» et généreux pasteur, se sont cotisés pour réparer
» et embellir l'Eglise et se procurer les cloches que
» vous allez bénir, et qui désormais ne cesseront de
» nous rappeler par leurs éclats, tour à tour tristes et
» joyeux, les principaux évènements de notre vie.

» Nous voulons croire, Monseigneur, que cette
» fidélité aux mêmes idées et aux mêmes sentiments
» nous vaudra, de nouveau, et vos encouragements
» et vos paternelles bénédictions. »

Malgré l'estime que Monseigneur Germain témoigna à plusieurs reprises à M. Lucas, la lutte engagée contre lui par celui dont il aurait dû attendre le soutien, le découragea. Il jugea bon de se retirer.

Après avoir été, pendant près de 23 ans, à la tête de la municipalité, il estimait avoir droit de prendre sa retraite. Son âge, sa santé ébranlée exigeaient cette résolution. C'est ce qu'il disait dans une circulaire qu'il adressait aux électeurs de Beslon, le 6 janvier 1892.

« En me retirant pour toujours des affaires
» publiques, ajoutait-il, je tiens à vous remercier des
» sympathies nombreuses et soutenues que vous
» m'avez toujours témoignées pendant tout ce temps
» et à vous affirmer, de nouveau, que dans toute ma
» conduite et tous mes actes, je n'ai jamais eu qu'un
» but : servir vos intérêts, et faire mon devoir, tout
» mon devoir.

» Que la prospérité et la paix ne cessent de régner
» dans la commune, c'est mon plus vif désir. »

VI

A santé de mon grand-père alla de plus
en plus en déclinant les années sui-
vantes ; ses forces étaient peu à peu
détruites par une sorte de paralysie
lente. Il ne songea plus qu'à se préparer à la mort.

Mais lorsqu'il se sentit près de sa fin, il manifesta
plusieurs fois le désir de transmettre à ses enfants
comme le résumé des idées qui l'avaient guidé dans
la vie. Il les avait tant aimés ici-bas, il voulait
continuer de leur faire du bien après sa mort.
Quelques jours avant de mourir, il demanda qu'on
transcrive les conseils qu'il désirait laisser aux siens
et qu'il leur avait répétés si souvent ; sa faiblesse ne
lui permettait pas de le faire lui-même.

Son désir fut exécuté. Quelque temps après sa
mort, ma grand'mère remit à chacun de ses enfants
et petits-enfants les maximes qu'elle intitula
« Testament Spirituel ». Elle tint à revêtir de sa
signature chacun des exemplaires, afin d'en garantir

l'authenticité. On en trouvera le texte à la fin de cette notice. Ces lignes reproduisent presque textuellement les conseils que ce père, si profondément chrétien, a voulu léguer en mourant à toute sa famille.

Il avait eu la joie de revoir tous ses enfants, et avait donné à chacun ses derniers avis.

Un léger mieux s'étant produit après la réception des derniers Sacrements, il conseilla lui-même à ceux dont la présence était utile dans leurs familles, de retourner à leurs occupations, mais il ne se dissimulait pas son état, car il leur dit : « Mes enfants, aimez-
» vous bien les uns les autres comme je vous ai
» aimés, soutenez-vous mutuellement dans le chemin
» de la vertu. »

Et comme ils le quittaient, il ajouta : « Adieu, je
» vous bénis *tous,* nous nous reverrons au Ciel. »

Il s'éteignit doucement le 29 Mai 1901, après avoir redit maintes fois : « Mon Dieu, je vous aime. »

Les nombreux visiteurs qui assiégeaient sa demeure les derniers jours se retiraient heureux d'avoir entendu une parole de celui qu'ils appelaient si justement : « Ce bon M. Lucas. »

Ma grand'mère ne tarda pas à rejoindre son mari. Elle ne fut en repos que lorsqu'elle eut disposé toutes les affaires matérielles en faveur de ses enfants, afin d'être assurée, qu'après sa mort, tout souci de ce côté soit épargné, et que l'union la plus complète, qui n'avait cessé de régner, se continue sans nuage.

Sa mort fut la digne conclusion de sa vie. Sentant que sa dernière heure était proche, elle demanda elle-même qu'on lui apporte le Saint-Viatique et l'Extrême-Onction. Elle souffrit encore violemment pendant deux jours sans se plaindre. Elle regardait son crucifix et répétait souvent : « Mon Dieu, j'espère en vous. »

Elle était entourée de la plupart de ses enfants. Elle leur adressa ses dernières recommandations et ajouta : « Ma tâche est finie, je veux aller au Ciel, je vous y préparerai une place. »

Son agonie ne fut pas longue. Le 13 Octobre 1902, elle alla rejoindre ceux des siens qui l'avaient précédée : son mari, son fils Octave et la petite Noémi que le bon Dieu leur avait enlevée à l'âge de dix-huit mois.

Testament Spirituel

» Mes Enfants,

» Considérez la vie présente comme un passage et
» une préparation à la vie éternelle.

» Observez scrupuleusement les lois de Dieu et
» de l'Eglise, sans respect humain comme sans
» faiblesse, vous y trouverez, dès ici-bas, votre
» récompense.

» Ne cherchez pas le succès seulement dans les
» moyens humains : priez et ayez confiance en Dieu.

» L'union fait la force : soyez donc toujours unis ;
» aidez-vous mutuellement ; l'union décuple les
» forces, celui qui aujourd'hui se brouille pour un
» rien, demain voudrait pour beaucoup ne pas l'être.

» Ne vous attachez pas aux plaisirs d'un jour dont
» il ne vous reste aucun profit le lendemain, prenez
» plutôt vos joies dans le travail et dans la société
» des gens de bien.

» Soyez laborieux, économes : il n'est point de
» petites économies ; combien de pauvres seraient
» heureux des miettes auxquelles le riche ne fait pas
» attention.

» Ne cherchez pas les richesses comme un but,
» mais comme un moyen de bien faire et de faire le
» bien.

» Sachez vous contenter de peu : à qui la
» médiocrité ne suffit pas, rien ne suffit.

» Soyez bons et vertueux, vous serez aimés et
» respectés.

» Que le bon Dieu vous bénisse et vous conserve ! »

A ces conseils, ma grand'mère avait ajouté elle-
même ce qui suit :

» Rappelez-vous souvent ces pieuses leçons que
» votre père a voulu vous léguer en mourant ; soyez
» toujours fidèle à sa mémoire et à ses exemples.

» Il a toujours vécu pour Dieu, pour ses enfants,
» pour le bien public, il a fait l'édification de tous ;
» imitez-le.

» On a dit de lui qu'il était la perle fine de la
» paroisse : puisse-t-on en dire autant de chacun de
» vous.

» Avec votre père, je vous redis, moi aussi :

» Que le bon Dieu vous bénisse et vous conserve !
» Et souvenez-vous de vos parents près de Dieu. »

Signé : P. Larigot.